Saskia Solveigh

Ich kann nicht mehr –
bleib bei mir

www.tredition.de

© 2020   Saskia Solveigh

Verlag & Druck: tredition GmbH, Halenreie 40-44, 22359 Hamburg

ISBN
Paperback   978-3-347-10673-4
Hardcover   978-3-347-10674-1
e-Book   978-3-347-10675-8

Saskia Solveigh

Ich kann nicht mehr –
bleib bei mir

Für Dich

Bleib bei mir.

Ich kann nicht mehr.

Ich will nicht mehr.

Es geht nicht mehr.

Bleib bei mir.

Ich habe Durst.

Ich habe Fieber.

Wo bist du?

Bleib bei mir.

Ich liebe dich. Du bist mein Leben.

Ohne dich wäre ich schon lange tot.

Du bist der einzige Mensch, den ich noch habe.

Lass mich nicht allein.

Bleib bei mir.

Verzeih mir.

Ich danke dir.

Verlass mich nicht.

Ich kann nicht mehr.

Die Stille. Sie bleibt.

Die Beständigkeit. Sie bleibt.

Die Treue. Sie bleibt.

Hab keine Angst

Leise rufst du meinen Namen

bleib bei mir

suchend greifen deine Hände

bleib bei mir

flehend rudern deine Arme

bleib bei mir

Verzweiflung überflutet dein Gesicht

bleib bei mir

unstet flackern deine Augen

bleib bei mir

mühsam formen deine Lippen

bleib bei mir

tonlos tönt dein Atem

bleib bei mir.

Ich streichle dein Gesicht. Senke dir Ruhe in die Augen, halte deine Hand. Hab keine Angst.

Ich trage deine Seele

bis du gehst und wiederkommst.

Ewig, ewig, ewig werd ich bleiben

in dir, bei dir und mit dir.

Ich lasse dich nicht fallen.

Ich gebe dich nicht auf.

Ich bin und bleibe bei dir.

Bis zum letzten Atemzug, der dich erlöst.

Du wirst es spüren.

Ich bleibe bei dir.

Das hast du verdient.

Und wenn du das Licht schaust,

und wenn dich Wärme und Liebe umgeben -

auch dann sitze ich noch an deinem Bett und

halte deine Hand.

Schon jetzt

Mach Frieden in deiner Seele.

Komm ins Reine mit dir selbst und mit der Welt.

Verzeihe dir selbst als erstes.

Du hast alles richtig gemacht.

Es war wie es war.

Vielleicht sollte es so sein.

Verzeihe den anderen, die dir weh getan haben.

So kommt Frieden in deine Seele.

Und nicht erst am Ende.

Schon jetzt.

Starke Menschen

haben nie eine

einfache Vergangenheit

Unbarmherzig hart ist es zu dir.

Es lastet schwer auf dir.

Das hast du nicht verdient.

Mit Krankheit, Hoffnungslosigkeit

und ohne Perspektive

lässt es dich im Stich.

Das hast du nicht verdient.

Du wolltest alles richtig machen.

Du hast dich stets bemüht.

Du hast gebettelt und gefleht.

Du bist stets deinen Weg gegangen.

Du hast so viel Gutes in der Welt vollbracht.

Das hast du nicht verdient.

Wie eine Marionette hin und her geworfen

musstest du ertragen,

wie es dich kaputt macht Tag für Tag.

Du hattest keine Wahl

in einem Schicksal, unbarmherzig hart.

Das hast du nicht verdient.

Symbiose,

Licht und Heilung

werden erfüllt

im Seelenplan

höherer Führung.

Ich kann nichts mehr tun.

Ich kann nicht mehr sein ohne dich.

Ich kann nicht mehr denken.

Bleib bei mir.

Lass mich nicht allein.

Bleib bei mir.

Ich kann nicht mehr.

Ich weiß, mein Liebling.

Es geht nicht mehr. Du kannst nicht mehr,
du willst nicht mehr.

Ich bleibe immer, immer bei dir.

Hab keine Angst. Ich halte deine Hand.

Ob ich traurig bin?
Ich weiß es nicht.
Ich weiß es einfach nicht.
Ich bin nur da für dich.

Meine Gedanken haben viel zu tun.
Tag um Tag, Stund um Stund denk ich an dich.
Ich bin nur da für dich.

Ich will nicht, dass du leiden musst.
Ich will es einfach nicht.
Ich bin nur da für dich.

Meinen Schmerz behalte ich zurück,
er verstellt den Weg zu deinem Glück.
Ich bin nur da für dich.

Die letzten Stunden nicht allein,
das hast du Liebes dir verdient,
Ich bin nur da für dich.

Ich frage nicht nach mir,

wichtig bist nur du.

Ich bin nur da für dich.

Ich weiß, dass ich *nicht* traurig bin,

bin ich nur bei dir und trage dich

hinüber in die große Weite.

Und wenn du drüben bist,

kannst du mich noch spüren, bin ich noch bei dir.

Die Ewigkeit hüllt uns behutsam beide ein.

Warum soll ich also traurig sein?

Ich liebe dich so sehr.

Du sagst:

Ich habe Angst

  Ich habe Angst

    Ich habe Angst

      Ich habe Angst

      Ich habe Angst

        Ich habe eine
        Wahnsinnsangst.

Ich trage deine Seele
weit und weit hinüber.
Du wirst es fühlen,
ich bin bei dir,
wenn du gehst.
Und du wirst es fühlen,
wenn du drüben bist.
Gib mir deine Hand.

Ich liebe dich.

Ich brauche dich.

Du bist immer gut zu mir.

Bleib bei mir.

Verlass mich nicht.

Ich kann nicht mehr.

Ohne geht es nicht.

Das schaffst du nicht.

Du suchst noch sehr.

Wonach? Noch nach mehr?

Ohne geht es nicht.

Du brauchst es nicht?

Da täuschst du dich.

Glaube an das Licht,

Glaube an die Liebe.

Glaube an die Wärme.

Glaube an den Höchsten.

Glaube an die Ewigkeit

Und an die Geborgenheit.

Dann findest du endlich Frieden.
Und es geht.

Versuch es doch einmal

Vergiss die Wut, den Zorn, das Hadern und das Ringen.

Die Verbitterung in deinem Leben.

Es ist vorbei.

Lass es doch geschehen.

Im Rückblick zu erkennen:

Alles war nicht schlecht.

Alles hatte einen Sinn.

Versuch es doch einmal.

Es wird dir leichter,

wenn du nicht verbitterst.

Versuche loszulassen

und Frieden in dir aufzunehmen.

Einen Frieden,

der dir hilft, dich schützt.

Einen inneren Frieden, der dir Geborgenheit in den letzten Stunden gibt.

Auf dem Weg

in eine andere Dimension

wird die Seele weit für das Leben.

Ich bin voller Zuversicht.

Die ersten vierzig Tage bist du noch nah bei mir.

Unsere Verbindung in der Ewigkeit,

sie wird bleiben.

Es gibt keine Trennung.

Der Tod ist nicht das Ende.

Auch nicht das Ende einer tiefen Liebe.

Das Sterben wandelt dich nur um.

Deine Seele lebt weiter in einer anderen Dimension.

Warum solltest du unerreichbar für mich sein?

Weil es die Atome deines Körpers nicht mehr gibt?

Deine Seele lebt weiter. Meine auch.

Wenn ich die Umwandlung erreicht habe,

werden wir uns wieder begegnen.

Also gibt es keine Trennung.

Deine Höhere Führung

wird die irdischen Bürden bald von dir nehmen.

Wenn du endlich bereit bist loszulassen.

Wenn du bereit bist, das Leben abzustreifen

und deine Seele Licht und Freiheit atmen lässt.

Dann endlich kann sie bar aller Last dem Licht entgegengehen.

Dann endlich hast du die Dimension des Göttlichen und seiner unermesslichen Liebe erreicht.

Ich wünsche dir nichts mehr als das.

Warum dauert es so lange ?

Warum ist's so schwer zu gehen ?

Weil du noch in Verzweiflung mit dir selber bist.

Weil du noch haderst und anklagst.

Weil du nicht bereit bist anzunehmen.

Nimm es an.

Verzeihe dir selbst.

Verzeihe allen anderen

Du hast keine Schuld.

Du machst alles richtig.

Versuche loszulassen.

Lass den Frieden in deine Seele einziehen.

Langsam, ganz langsam, dann immer mehr und mehr.

Nimm alles an.

Du wirst geführt.

Du bist geborgen.
In Wärme, Licht und Liebe.

Das Universum macht keinen Fehler.

Ich vertraue auf die Ewigkeit.

Ich bin hier und jetzt, heute, immer.

In unendlichem Sein verschiedener Dimensionen:

im irdischen mit seiner Last, im göttlichen voller Liebe.

Es ist Führung und Geborgenheit, jetzt und immer.

Wenn ich einst die göttliche Dimension erreiche,

werde ich im Urquell von Licht und unendlicher Liebe sein.

Ich vertraue auf die Ewigkeit.

Ich liebe Dich und es war schön mit dir.

Ich danke dir.

Jetzt lass mich sterben.

Bleib bei mir - lass mich gehen.

Ich halte deine Hand - ich lass dich gehen.

Vom Unausgesprochenen,

das den langen Atem nährt,

in der Ferne,

über Meere, Wolken,

Ozeane, Himmel,

Dunkelheit und Schatten,

getragen

auf dem Weg in das Ewige

möchte es bleiben.

Du hast es bald geschafft

Es dauert nicht mehr lang.

Lass Licht in deine Seele, atme Freiheit.

Freiheit, die aus Licht besteht.

Freiheit, die du atmest.

Freiheit, die dich trägt.

Freiheit, die erlöst.

Freiheit, die dich mit göttlicher Liebe erfüllt.

Freue dich auf die Ewigkeit,

auf alles, was dich schützt und trägt.

Freue dich irdischer Bürde zu entfliehen.

Freue dich auf Licht und Wärme.

Auf diesen einzigen Moment der Flüchtigkeit.

Auf diesen Moment aller Momente.
  Wenn es hell und immer heller wird.

Bist du bereit?

Für diesen flüchtigen Augenblick

aller Augenblicke?

Bis du bereit?

Weißt du, ob es nicht mehr lange dauert?

Sag, wenn es soweit ist.

Ferner heller Stern am dunklen Firmament,
wenn nur mein Fühlen, Sehnen, Denken
als meine Botschaft zu dir fänd,
um ihm sie wiederum zu schenken.
Die Frage aller Fragen lässt mir keine Ruh,
ich frage: wo bist du ? Alleine du ?

So bist du nun an der Reihe,

der gerufen wird.

Kommt auch der Augenblick für mich

einst... irgendwann, ich weiß es nicht.

So weiß ich doch,

DU wirst es sein, der auf mich wartet,

der mich empfängt im Reich der Liebe.

Unsre Seelen werden sich vereinen.

Den Schmerz nicht mehr erinnern müssen.

Flüchtig, nichtig, klein, bedeutungslos

erscheinen Erdenstaub und Bürde.

Entronnen dem Schmerz und seiner Härte

in Seligkeit bei unsrem Höchsten seiend

treten wir gemeinsam hin und sagen zueinander JA.

Silence

is the language of

God

Zeitfracht Medien GmbH
Ferdinand-Jühlke-Straße 7
99095 Erfurt, Deutschland
produktsicherheit@kolibri360.de